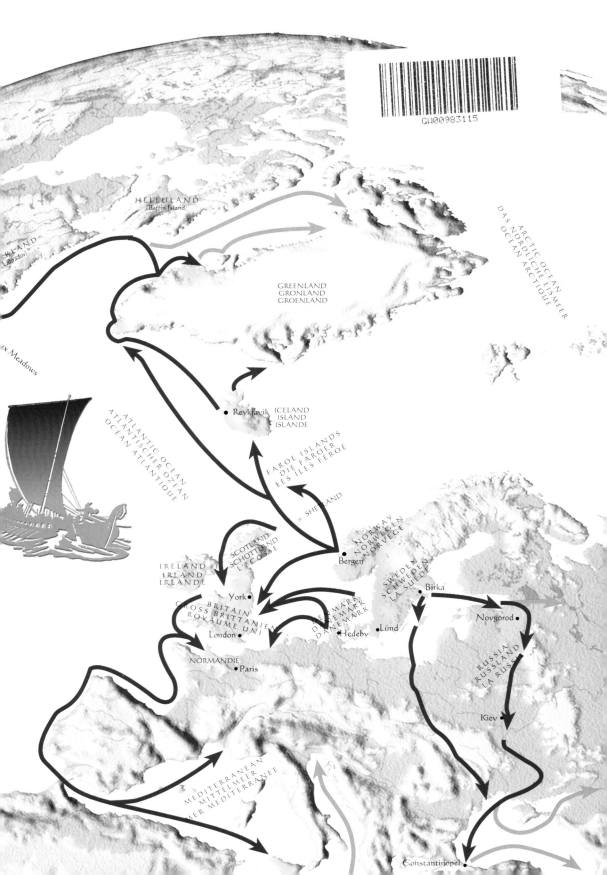

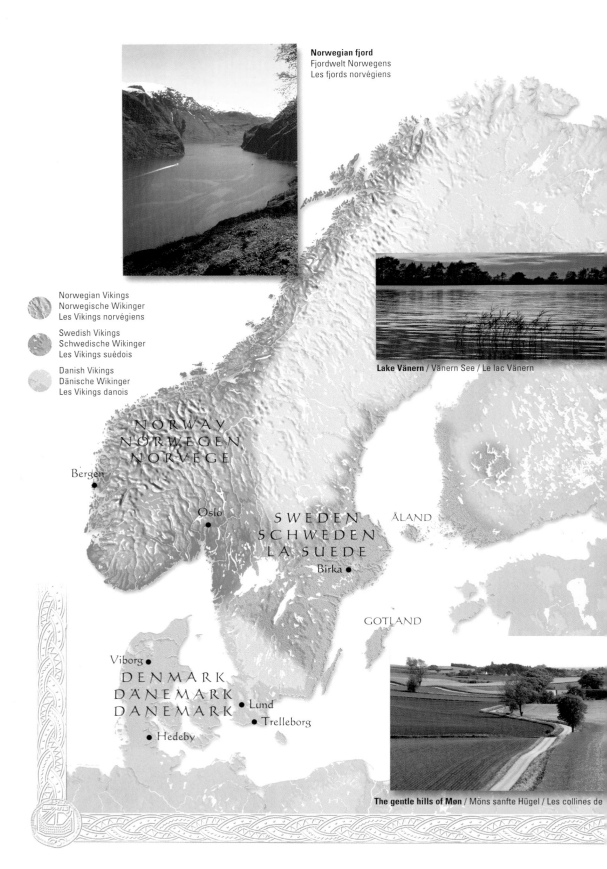

Norwegian fjord
Fjordwelt Norwegens
Les fjords norvégiens

Norwegian Vikings
Norwegische Wikinger
Les Vikings norvégiens

Swedish Vikings
Schwedische Wikinger
Les Vikings suédois

Danish Vikings
Dänische Wikinger
Les Vikings danois

Lake Vänern / Vänern See / Le lac Vänern

NORWAY
NORWEGEN
NORVÈGE

Bergen

Oslo

ÅLAND

SWEDEN
SCHWEDEN
LA SUÈDE

Birka

GOTLAND

Viborg

DENMARK
DÄNEMARK
DANEMARK

Lund

Trelleborg

Hedeby

The gentle hills of Møn / Möns sanfte Hügel / Les collines de

rom the
seberg
hip (Norway)

'om Oseberg-
chiff
Norwegen)

étail du
rakkar
'Oseberg /
lorvège

The Dawn of Viking Society

From about 800, powerful trading centres started to develop all over Scandinavia. In Denmark there were Ribe, Skuldevig, Hadsten, Hedeby, Trelleborg and Lejre; in Norway Kaupang (Tönsberg) and Borre; in Svealand (north Sweden) Birka and in Götland (south Sweden) Foteviken; in Gotland Paviken and in Öland Kopings-vik. Trade increased rapidly, as well as the division of labour in the community. Mass production of clothes, tools and equipment got under way, making the expeditions of the Viking era possible and ensuring the availability of weapons and armour for large armies.

Sun chariot (Pre-Viking Denmark)
Sonnenwagen (aus der Vorwikingerzeit, Dänemark)
Chariot solaire / Danemark pré-viking

Der Anfang der Wikingerära

Anfang des neunten Jahrhunderts bildeten sich vielerorts in Skandinavien neue Handelszentren. In Dänemark waren dies Ribe, Skuldevig, Hadsten, Hedeby, Trelleborg und Lejre, in Norwegen Kaupang (Tönsberg) und Borre, in Svealand (Nordschweden) Birka, in Götaland (Südschweden) Foteviken, in Gotland Paviken und in Öland Kopingsvik. Der Handel expandierte rasch und Arbeitsteilung wurde notwendig, um der Nachfrage zu genügen. Man begann mit der Massenproduktion von Kleidung, Werkzeugen und Ausrüstung. Auf diese Weise konnten die großen Heere mit Waffen und Rüstung versorgt und damit die Grundlage für die Expansion der Wikinger geschaffen werden.

La naissance de la société viking

Des lieux de négoce dynamiques fleurissent un peu partout dans les pays nordiques. Citons Ribe, Skuldevig, Hadsten, Hedeby, Trelleborg et Lejre au Danemark, Kaupangr (Tönsberg) et Borre en Norvège, Birka au Svealand (au nord de la Suède) et Foteviken en Gothie (au sud de la Suède), Papviken sur l'île de Gotland et Kopingsvik dans l'archipel d'Åland. La société s'est diversifiée avec le développement du commerce. La fabrication en série de vêtements, d'outils et de machines s'est amorcée. Cette production de masse a rendu possible l'expansion de l'épopée viking et a pourvu en armes et équipements de défense des troupes importantes.

Rock carvings (Pre-Viking Norway and Sweden)
Felszeichnungen (Vorwikingerzeit, Norwegen und Schweden)
Roche gravée / Danemark et Suède pré-viking

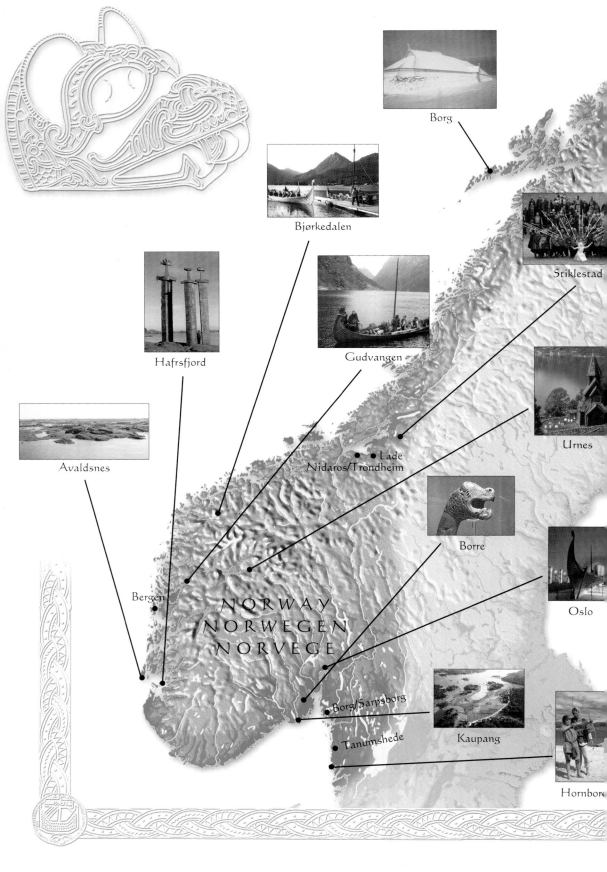

Borg

Bjørkedalen

Stiklestad

Hafrsfjord

Gudvangen

Urnes

Avaldsnes

Lade
Nidaros/Trondheim

Borre

Oslo

Bergen

NORWAY
NORWEGEN
NORVEGE

Borg/Sarpsborg

Tanumshede

Kaupang

Hornbore

Norwegian Vikings

In the period 600-800 Norway was ruled by a system of earldoms. Then, having claimed victory in one of the most famous battles in Norwegian history in 872, King Harald Fairhair united Norway for the first time under one crown. With its great mountains and fjords, much of Norway was accessible only by sea, but there was plenty of wood for shipbuilding on its forest-clad hills. The Oslofjord became well-travelled early on, and was named Viken. A great number of trading centres sprang up at an early stage; the best known of these is Kaupang, but equally notable were Borre, Bergen and Trondheim, as well as the Viking towns of Karmøy and Borg in Lofoten. The largest and best preserved Viking ships that have been discovered are the Oseberg and Gokstad ships, now housed in the Viking Ship Museum in Oslo. A particular feature of the Viking era in Norway were the beautiful and unique stave churches, some of which still stand today.

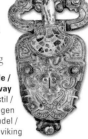

Brooch in the Vendel style /
Pre-Viking Norway
Brosche im Vendelstil /
Vorwikingerzeit, Norwegen
Broche de style Vendel /
Norvège pré-viking

Les vikings norvégiens

Un pouvoir féodal s'établit en Norvège entre 600 et 800. Haraldur à la belle chevelure, après l'illustre bataille de 872, a unifié la Norvège sous une couronne unique. La Norvège, avec ses montagnes imposantes et ses fjords n'était franchissable en maints endroits que par la voie des mers, et le bois, pour construire les navires, ne manquait pas. Le fjord d'Oslo, baptisé Vikin, connaissait un trafic intense, et les peuplements prospéraient sur ses rives. Kaupangur était le plus connu d'entre eux avec Borre. Bergen et Trondheim étaient connus epuis des temps reculés, de même que Karmøy et Borg aux îles Lofoten. Les drakkars les plus grands et les mieux conservés sont ceux d'Oseberg et de Gokstad exposés au musée viking d'Oslo. Les anciennes églises en bois, si belles et si étranges, et qui demeurent intactes, sont caractéristiques de l'époque viking en Norvège.

From the Oseberg cart (Norway)
Vom Oseberg-Wagen (Norwegen)
Détail du drakkar d'Oseberg / Norvège

Die norwegischen Wikinger

Im Zeitraum von 600-800 n. Chr. herrschten in Norwegen zahlreiche unabhängige Grafen. Mit dem Sieg von Harald Schönhaar im Jahre 872 n. Chr. in einer der bedeutensten Schlachten der norwegischen Geschichte wurde Norwegen schließlich zu einem Königreich vereint. Hohe Berge und zerklüftete Fjordlandschaft machten das Reisen auf Landwegen fast unmöglich. Schiffe waren die wichtigsten Transportmittel, und in den Wäldern gab es ausreichend Bauholz für den Schiffsbau. Der Fjord von Oslo war schon in früher Zeit stark frequentiert und unter dem Namen Viken weit bekannt. Zahlreiche Handelsorte säumten den Fjord, von denen Kaupang und Borre wohl die bekanntesten sind. Auch Bergen und Trondheim waren schon früh bekannte Handelszentren. Weitere Wikingersiedlungen sind Karmøy und Borg auf den Lofoten. Die beiden größten und am besten erhaltenen Wikingerschiffe, Oseberg und Gokstad, sind im Wikingermuseum in Oslo ausgestellt. Ein besonderes Merkmal der Wikingerepoche sind die malerischen kleinen Stabkirchen in Norwegen.

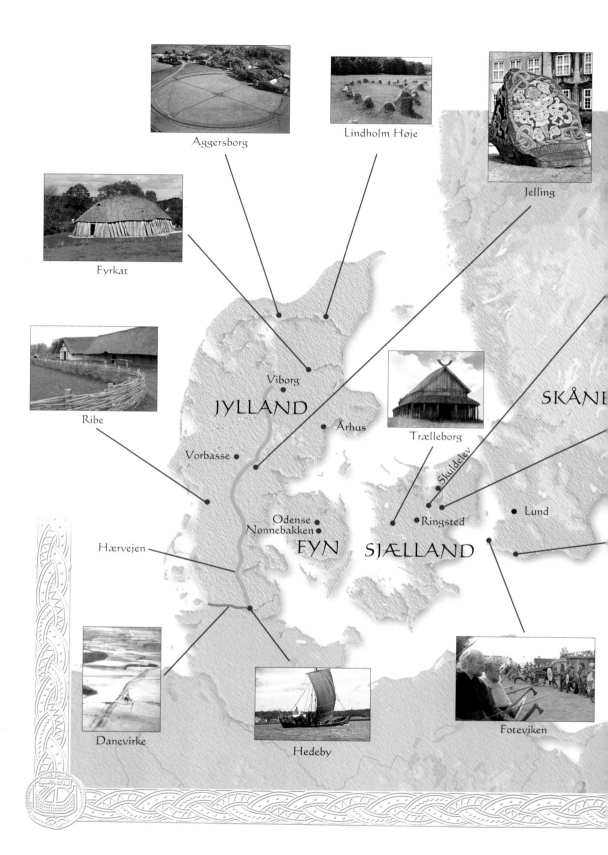

Aggersborg

Lindholm Høje

Jelling

Fyrkat

Ribe

JYLLAND

Viborg

Århus

Vorbasse

Trælleborg

SKÅNE

Skuldelev

Lund

Odense
Nonnebakken

Ringsted

Hærvejen

FYN

SJÆLLAND

Danevirke

Hedeby

Foteviken

Lejre

Roskilde

Trelleborg

BORNHOLM

Danish Vikings

The Danes date the origins of their country to the reign of Gorm the Old, (d. 958). But elements of centralized government were in place much earlier, from before 800 – considerably earlier than in the other countries of the North. Evidence of this can be seen in great constructions such as the Danevirke and the Ox-Road. Farming villages were also established and numerous forts were built, such as the famous royal fortresses at Fyrkat, Trelleborg in Zealand, Trelleborg in Skane, Aggersborg and Nannebakken. The influence of the Danish kings stretched from Schleswig in the south to beyond Skane to the north. The oldest towns were Hedeby, Ribe and Lejre. Skuldelev was a trading centre, Ringsted and Viborg ancient assembly places. Harald Bluetooth ruled the kingdom from Jelling, where a great memorial stone to his family can still be seen. The Skuldelev ships discovered, near Roskilde, there are now on display in the Viking Ship Museum there.

Freyja / Pre Viking Denmark
Freyja / Vorwikingerzeit, Dänemark
Freyja / Danemark pré-viking

Die dänischen Wikinger

Der Anfang des dänischen Reiches wird auf die Machtübernahme von Gorm dem Alten (gest. 958 n. Chr.) datiert; doch es hatte schon viel früher Anzeichen eines dänischen Reiches gegeben. Als erste Wikingernation führten die Dänen eine zentrale Staatsform ein und schon kurz vor 800 n. Chr. bekam das Land eine eigene Exekutive. Zeugnisse dieser Zentralisierung sind große Bauten wie die Dänenschanze sowie die dänische Heerstraße. Zur selben Zeit bildeten sich landwirtschaftliche Zentren und zahlreiche Festungen wurden errichtet wie die Ringburgen bei Fyrkat, Trelleborg auf Seeland, Trelleborg in Schonen, Aggersborg und Nannebakken. Der Einfluss der dänischen Könige reichte von Schleswig im Süden bis Schonen im Norden. Die ältesten Städte sind Hedeby, Ribe und Lejre. Skuldelev war ein Handelszentrum und Ringsted sowie Viborg alte Thingplätze. Harald Blauzahn regierte das Land von Jelling aus, wo noch heute ein großer Gedenkstein an die Bedeutung dieses Königsgeschlechtes erinnert. Die Skuldelev-Schiffe wurden an der Küste vor Roskilde gefunden und sind dort im Wikingerschiffsmuseum ausgestellt.

Les vikings danois

Les Danois considèrent que Gormur le Grand (mort en 958) fut le père fondateur de leur Etat. Mais c'est beaucoup plus tôt qu'en apparaissent les prémisses. Les Danois furent, de tous les peuples vikings, les premiers, avant 800, à construire une communauté regroupée autour d'un pouvoir central. De nombreuses constructions en témoignent, des forts et une voie stratégique. Les paysans s'assemblèrent en villages, de nombreuses places fortifiées apparurent ainsi que les citadelles de Fyrkat et Trelleborg dans le Sjaland, d'une autre Trelleborg en Scanie, ou d'Aaggersborg et de Nannebakken… L'influence des rois danois s'étendit du Schleswig au sud à la Scanie au nord. Heidabaer, Ribe et Lejre en furent les plus anciennes agglomérations. Sculdelev était un centre de négoce, Ringsted et Viborg le siège d'anciens parlements. Haraldur à la dent bleue exerçait son pouvoir à partir de Jelling, où se trouve un mégalithe en son honneur et celui de sa famille. Un grand navire, le Skuldelev, a été découvert au large de Roskylde, où on peut le voir dans le musée consacré aux vikings.

Adelsö

Sund Saffle

Birka

Skara

SVEALAND

Helgö

Ekerö

ÅLAND

VÄNERN

VÄTTERN

Tanum

Torsburgen

GOTALAND

GOTLAND

Köpingsvik

ÖLAND

Foteviken

Eketorp

Paviken/T

Lund

Trelleborg

Swedish Vikings

I n Sweden there were two nations or tribes, the Swedes and the Götar. They were united by Olaf Skötkonung, who ruled around 1000. The Götar inhabited the district of the great lakes Vanern and Vattern; Swedes lived to the west and north, where Stockholm now stands. The Swedes' and Götars' sphere of influence extended to southern Finland and the islands of Gotland, Öland and Aland in the Baltic sea. The islands were the site of great trading centres such as Köpingsvik on Öland and Paviken on Gotland. Other notable places within the Swedish sphere of influence included Birka, one of the Viking era's oldest trading posts and now a museum, are the settlements of Uppsala, Sigtuna, Eketorp and Trelleborg. Most of the important runic stones of the Viking age are to be found in Sweden. Most treasure has been found in Sweden, evidence of extensive trade with nations to the east. Half of all the finds of coins in Scandinavia came from the island of Gotland.

Freyr god of fertility (Sweden)
Der Fruchtbarkeitsgott Freyr (Schweden)
Freyr, dieu de la fertilité / Suède

Les vikings suédois

E n Suède vivaient deux peuples, les Suédois et les Goths. Ils furent réunis vers l'an 1000 sous la couronne du roi Olof. Les Goths occupaient les terres bordant les grands lacs de Vänern et Vättern, tandis que les Suédois peuplaient l'est et le nord, là où Stockholm se trouve aujourd'hui. L'influence des Suédois et des Goths, en dehors de la Suède, s'étendait jusqu'au sud de la Finlande, aux côtes baltes, aux îles de Gotland et d'Öland et à l'archipel des îles Åland. Le commerce fleurissait à Köpingsvik sur Öland et à Paviken à Gotland. Birka, un des lieux de peuplement les plus anciens (aujourd'hui transformé en musée) fût un des hauts lieux de la culture viking. Uppsala, Sigtuna, Eketorp et Trelleborg sont également célèbres.

Die schwedischen Wikinger

I n Schweden gab es zwei Volksgruppen oder Stämme: Schweden und Goten. Über beiden Völkern regierte Olaf Skötkonung um die Jahrtausendwende. Die Goten hatten sich an den großen Seen, Vaner und Vattern, niedergelassen, während die Schweden westlich und nördlich der heutigen Hauptstadt Stokkholm lebten. Das Einflussgebiet der Schweden und Goten erstreckte sich über Südfinnland, die Westküste des Baltischen Meeres, Gotland, Öland und die Aland-Inseln. Auf den Inseln entstanden bedeutende Handelszentren, wie Köpingsvik auf Öland und Paviken auf Gotland. Birka ist eine der ältesten Handelsstationen der Wikinger aus dieser Zeit und fungiert heute als Museum. Weitere bekannte Orte aus der Wikingerära sind Uppsala, Sigtuna, Eketorp und Trelleborg. Die meisten und bemerkenswertesten Runensteine stammen aus Schweden. Hier wurden auch die wertvollsten Schätze gefunden, die auf einen reichen Handel mit den östlichen Nachbarn schließen lassen. Die Hälfte aller Münzenfunde in Skandinavien wurden in Gotland gemacht.

Brooch (Sweden)
Brosche (Schweden)
Broche / Suède

Rosala

Uppsala

tuna

Visby

Clothes, Tools and Food

The Vikings learnt early on how to use linen as well as wool, and women wore linen next to the skin. Over these they wore aprons, of various types of cloth, according to availability. Buckles were used to fasten the aprons, front and back, as well as the cloak. The men usually wore trousers and an anorak-like top. They also wore a cloak, draped over the left shoulder to leave the sword-arm free. Many of their tools (such as kitchen utensils, carpentry tools and looms) were of types still in use almost unchanged well into the 19th century. The Vikings' menu frequently included gruel or soup, with unleavened bread; fried or boiled meat was also common. Salting, smoking and drying were the most usual preservation methods. Ale and mead were drunk on special occasions, with milk, water and whey being the everyday drinks.

Vêtements, outils et nourriture

Les vikings ont appris tôt à utiliser le lin associé à la laine, et leurs femmes portaient des sous-vêtements de lin mais aussi des tabliers dont la matière variait suivant l'utilisation. Des pinces retenaient ce tablier à ce qu'elles portaient sur le dos ou à une cape. Les hommes portaient habituellement des pantalons et une sorte de blouson proche de l'actuel anorak. Ils mettaient également une cape qui pendait habituellement sur l'épaule gauche pour libérer la main portant l'épée. De nombreux ustensiles de cuisine, des outils à bois et des métiers à tisser on été utilisés jusqu'au siècle dernier sous une forme analogue voire identique. Une bouillie d'avoine ou une soupe accompagnée d'une crêpe dure à la pâte non levée figurait au menu des vikings. On y trouvait aussi de la viande bouillie ou cuite. Les moyens de conservation les plus utilisés étaient le salage, le fumage ou encore le séchage. La bière et la cervoise étaient servies lors des fêtes. On buvait sinon du lait, de l'eau et du petit lait aigre.

Kleidung, Werkzeuge und Nahrung

Die Wikinger lernten schon früh, neben der Wolle auch Leinen zu nutzen. Die skandinavischen Frauen kleideten sich in Leinenwäsche. Darüber trugen sie Schürzen aus unterschiedlichen Materialien je nach den äußeren Umständen. Die Schürzen sowie Umhänge wurden mit Spangen befestigt. Männer kleideten sich gewöhnlich in Hosen und einer dem Anorak ähnlichen Jacke. Zudem hatten sie einen Umhang, gewöhnlich über der linken Schulter getragen, um die rechte Schwerthand frei zu haben. Viele der Gerätschaften aus Küche und Schmiede sowie der Webstuhl, wurden wenig oder gar nicht verändert bis weit in das vergangene Jahrhundert hinein verwendet. Auf dem Speiseplan standen meist Grütze oder Suppe mit Fladenbrot. Gebratenes und gekochtes Fleisch gehörten ebenfalls zur alltäglichen Küche. Zur Konservierung wurde gesalzen, geräuchert und getrocknet. Zu festlichen Anlässen wurden Bier und Met gebraut. Ansonsten trank man Milch, Wasser oder Molke.

Best clothes
Festtagskleidung
Vêtements de fête

Everyday clothes
Alltagskleidung
Vêtements ordinaires

The Expansion Westwards
Exploration and Adventure

Viking raids on towns and villages in Europe began just before 800, as did the adventurous voyages of explorations. In their shallow-draught ships, the Vikings were able to sail up rivers and raid villages and monasteries, in sudden surprice attacks. They laid siege to Paris twice and wintered in many places. Gradually they began to create permanent settlements and to claim land. New countries they settled included Iceland, the western coast of Greenland, and Newfoundland in America. As communities were established, especially in Normandy and Britain, the nature of the voyages changed and, instead of raids, they became to a large extent trading expeditions. The last great battles were fought in the seccond half of the 11th century – in 1066 when Harald Hardrada lost the battle of Stamford Bridge and William the Conqueror won the battle of Hastings.

Die Expansion nach Westen
Erkundungs- und Abenteuerreisen

Kurz vor 800 n. Chr. begannen die Wikinger Städte und Siedlungen in Europa anzugreifen und brachen zu abenteuerlichen Erkundungsreisen auf. Mit ihren flachen Schiffen konnten sie die Flüsse bis weit ins Landesinnere hochfahren und überraschten die sich in Sicherheit wiegenden Klöster und Siedlungen. Zweimal belagerten sie Paris und vielerorts hatten sie Winterquartiere. Mit der Zeit wurden aus den provisorischen Lagern ständige Niederlassungen. Die Wikinger besiedelten neue Länder wie Island, die Westküste Grönlands und Neufundland in Nordamerika. Mit den neuen Siedlungen insbesondere in der Normandie sowie auf den Britischen Inseln veränderte sich der Charakter der Seereisen. Statt zu rauben und zu plündern waren die Schiffe nun hauptsächlich zu Handelszwecken unterwegs. Die letzten großen Schlachten fanden gegen Ende des 11. Jahrhunderts statt. Im Jahre 1066 verlor Harald Hardrada die Schlacht an der Stanford Bridge und im selben Jahr siegte Wilhelm der Eroberer in der Schlacht bei Hastings.

A la conquête de l'ouest
Découverte et aventure

C'est peu avant 800 que les vikings commencèrent à agresser les villes et les villages d'Europe, tout en menant des expéditions d'exploration. Les vikings remontaient les rivières sur leurs navires à fond presque plat et attaquaient par surprise les habitations et les monastères. Ils ont assiégé Paris deux fois, et ont pris leurs quartiers d'hiver en maints endroits. Petit à petit ils se sont installés et ont conquis des terres. L'Islande, le Groenland et Terre-neuve en Amérique du nord figurent parmi leurs conquêtes. Après leur sédentarisation, en particulier en Normandie et en Grande-Bretagne, la nature de leurs opérations a changé, et au pillage succéda la navigation de commerce. Les dernières batailles ont eu lieu au 11e siècle lorsque Haraldur à la belle chevelure a perdu la combat de Stamford Bridge l'année où Guillaume le conquérant l'a emporté à Hastings.

Guests from beyond the ocean / Gäste von der anderen Ozeanseite /
Les invités de l'autre coté de l'océan (Nicolai Roerich, 1874-1947)

**Helmet / Sweden
ca. 700, Vendel period**

Helm / Schweden
ca. 700, Vendel Epoche

Casque / Suède ca. 700, Période Vendel

The Expansion Westwards
Colonization and Settlement

The power of the Vikings reached its height in around the year 1000, with Norwegian and Danish Vikings controlling large areas of Britain, Ireland, Normandy, and Flanders, as well as their colonies in the Faroe Islands, Iceland and Greenland (and briefly in America). The Danes ruled mainly in the east of England (the so-called Danelaw) while Norwegians occupied Scotland and its islands. It was probably also Norwegians who founded Normandy. Within a century or so, their power had either disappeared or merged with that of neighbouring nations. Their influence, though, both culturally and technically, was huge, and in particular their innovations in shipbuilding were instrumental in making sea transport the pre-dominant mode of haulage it still is today. This development of sea transport was the basis for a massive expansion of trade. The formerly Viking areas in Britain and Normandy still reveal their Norse origins in the names of their places and people.

Cumberland / England

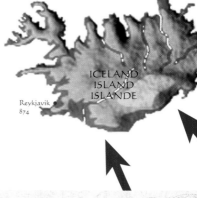

ICELAND
ISLAND
ISLANDE

Reykjavik
874

Die Expansion nach Westen
Kolonien und Niederlassungen

Die Wikingerära hatte ihren Höhepunkt um das Jahr 1000. Norweger und Dänen herrschten über Großbritannien, Irland, die Normandie und Flandern und unterhielten Kolonien auf den Färöern, Island und Grönland. Die Siedlungen in Amerika waren nur kurzlebig. Dänen regierten insbesondere den Osten Englands, Danelag genannt, während die Norweger Schottland sowie die vorgelagerten Inseln beherrschten. Wahrscheinlich waren es ebenfalls norwegische Wikinger, welche die Normandie begründeten. Nur ungefähr 100 Jahre später war ihr Reich jedoch zerfallen und mit den angrenzenden Ländern verschmolzen. Ihr Einfluss, sowohl kulturell als auch handwerklich, blieb jedoch bestehen. Insbesondere im Schiffsbau eröffneten die Wikinger neue Möglichkeiten für den Seehandel. Der Schiffstransport ließ den Handel auf ein Vielfaches anwachsen. Noch heute ist an zahlreichen Namen und Ortsbezeichnungen auf den Britischen Inseln sowie in der Normandie der nordische Ursprung zu erkennen.

793	The start of the Viking raids Der Beginn der Wikingerraubzüge Première attaque Viking
800-850	First raids in Northern France and Flanders Vikings settle in Western and Northern Isles, Isle of Man and parts o Scotland Die ersten Angriffe auf Nordfrankreich und Flandern Die Wikinger lassen sich auf den West- und Nordinseln Schottlands nieder sowie auf der Isle of Man und dem schottischen Festland. Premières attaques dans le nord de la France et en Flandres Les Vikings s'installent dans les îles d'ouest, du nord, l'île de Man, e des parties de l'Ecosse
850-900	Viking earls rule much of England aligh with York as their capital Viking earls rule much of Scotland Vikings raid the south and west of France, the Spanish coast and Sicily. Wikingerfürsten regieren den größten Teil von England und Schottland. York ist Hauptsitz der Wikinger in England. Wikinger machen Raubzüge in Süd- und Westfrankreich, an der spanischen Küste und in Sizilien. Les comtes Vikings dominent la majorité de l'Angleterre et de l'Ecosse, et choisissent York comme capitale anglaise Les Vikings attaquent le sud et l'ouest de la France, la côte espagnol et la Sicile.
900-1000	Vikings conquer Normandy Danish Vikings force English kings to pay Danegeld (tax) Wikinger erobern die Normandie. Die englischen Könige müssen an Dänemark das Danegeld entrichte Les Vikings conquèrent la Normandie Les Vikings danois forcent les anglais a payer le Danegeld (une taxe
1016-1035	Viking King Canute rules Denmark and all of England Der Wikingerkönig Knut regiert über Dänemark und ganz England. Le roi Viking Canute dirige le Danemark et toute l'Angleterre
1066	Norwegian Vikings defeated at Stamford Bridge. The end of Viking power in England Saxons defeated at Hastings by Viking descendants from Normandy Norwegische Wikinger verlieren die Schlacht bei Stamford Bridge. Die Herrschaft der Wikinger in England findet ein Ende. Die Sachsen werden von Nachkommen der Wikinger aus der Normandie bei Hastings geschlagen. Les Vikings norvégiens essuient une défaite a Stamford Bridge. Fin d la domination Viking en Angleterre. Les saxons essuient une défaite Hastings contre les descendants des Vikings en Normandie.

À la conquête de l'ouest
Colonisation et peuplement

La puissance viking en Europe du nord a atteint
son apogée vers l'an 1000. Les vikings norvégiens
et danois, à l'époque, contrôlaient de vastes espaces
en Angleterre, en Normandie, en Flandre, et
colonisaient les îles Féroé, l'Islande et le Groenland.
Les sites de peuplement en Amérique, par contre,
n'ont pas longtemps survécu. Les Danois dominaient
une région à l'est de l'Angleterre, le Danelag, tandis
que les Norvégiens avaient pris position en Ecosse et dans les îles au large. Ce sont eux
aussi, vraisemblablement, qui ont pris place en Normandie. La puissance viking, un siècle
plus tard, était en déclin, avait abandonné le terrain ou s'était intégrée à la population
d'origine. Leur importance culturelle et technique fut importante et leur avance dans
la construction navale eut pour conséquence un développement du fret maritime
qui s'est poursuivi jusqu'à nos jours. Les échanges commerciaux se sont
multipliés. Les noms de lieux ou de personnes rappellent aujourd'hui par
leur origine nordique la présence des vikings.

Northern Europe ca. 1000
Nordeuropa um 1000 n. Chr.
L'Europe du nord vers l'an 1000

Sphere of Norwegian influence
Das norwegische Einflussgebiet
La sphère d'influence norvégienne

Sphere of Swedish influence
Das schwedische Einflussgebiet
La sphère d'influence suédoise

Sphere of Danish influence
Das dänische Einflussgebiet
La sphère d'influence danoise

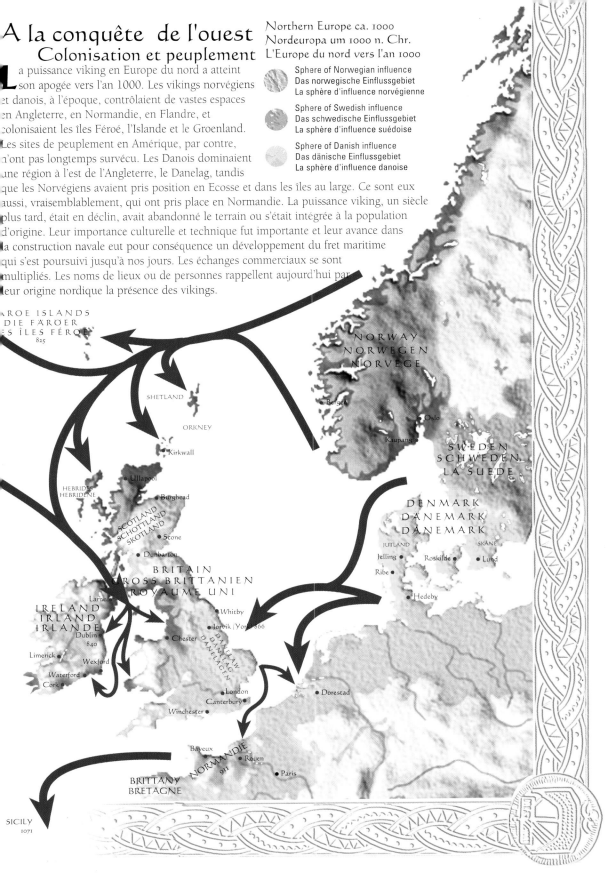

FAROE ISLANDS
DIE FÄRÖER
LES ÎLES FÉROÉ
825

NORWAY
NORWEGEN
NORVÈGE

Bergen

Oslo

Kaupang

SWEDEN
SCHWEDEN
LA SUÈDE

SHETLAND

ORKNEY

Kirkwall

HEBRIDES
HEBRIDENE

Ullapool

Burghead

DENMARK
DÄNEMARK
DANEMARK

SCOTLAND
SCHOTTLAND
SKOTLAND

Scone

JUTLAND

Jelling

Roskilde

SKÅNE

Lund

Ribe

Dunbarton

BRITAIN
GROSS BRITTANIEN
ROYAUME UNI

Hedeby

IRELAND
IRLAND
IRLANDE

Larne

Whitby

Iorvik (York) 866

Dublin
840

Chester

Limerick

Wexford

DANELAW
DANELAG
DANELAGEN

Waterford

Cork

London

Dorestad

Canterbury

Winchester

Bayeux

NORMANDIE
911

Rouen

Paris

BRITTANY
BRETAGNE

SICILY
1071

Weapons and Ships

The main Viking weapons were swords, axes, spears and bows. Helmets and shields were used for defence, but few could afford suits of chain mail. Swords, axes and spears were frequently decorated with inlay. But the Vikings' most important military asset was their ships. Many examples have been preserved, of various types – trading vessels, small boats and warships. The largest is the Gokstad ship from Norway, 25 metres in length and 5 metres wide. The boards were fastened with bindings and wooden nails, so the hull of the ship was flexible and could "move" with the sea. Viking ships were not only very seaworthy, they were also better able to sail up shallow rivers than other types and so well suited to raiding. They were normally powered by sail, but oars were used in calm weather or when going into battle

Armes et drakkars

Les armes les plus répandues étaient l'épée, la hache, la lance et l'arc. Pour se protéger les vikings utilisaient casques et boucliers, mais rares sont ceux qui avaient les moyens d'acquérir une cuirasse. Les épées, les haches et les lances étaient généralement sculptées. Mais leurs bateaux étaient leur arme maîtresse. Ils sont nombreux dans un bon état de conservation, révélant leur variété : navires de commerce, petites embarcations ou navires de guerre. Le plus grand bateau retrouvé est le navire de Gokstad. Il mesure 25 mètres de long sur 5 de large. Le bordage était assemblé avec des lanières et des clous de bois, de sorte qu'il pouvait « jouer » au gré des circonstances. Les embarcations des vikings étaient d'excellents navires dont la supériorité était de naviguer sur des eaux à faible profondeur, ce qui rendait leurs raids efficaces. Ils étaient manœuvrés à la voile, les rames étant utilisées en l'absence de vent ou en vue d'un affrontement.

A la conquête de l'est
A la recherche de l'argent

Waffen und Schiffe

Die üblichen Waffen waren Schwert, Axt, Speer und Bogen. Zum Schutz wurden Helme und Schilder verwendet, aber die wenigsten konnten sich eine Rüstung leisten. Schiffe waren die bedeutensten Kampfmittel der Wikinger. Es gab zahlreiche Varianten, von denen einige erhalten sind: Kauffahrer, kleine Boote und Heerschiffe. Das größte Schiff, das gefunden wurde, ist das norwegische Gokstad-Schiff. Es ist 25 m lang und 5 m breit. Die Planken wurden mit Bändern und Holznägeln verbunden, so dass der Schiffskörper flexibel war. Die Wikingerschiffe waren ebenso gut auf hoher See wie in flachen Gewässern. Daher eigneten sie sich besonders gut für Invasionen ins Landesinnere. Bei Wind wurden Segel gehisst, ansonsten wurden die Schiffe gerudert.

SWEDEN
SCHWEDEN
LA SUEDE

Kaupang

DENMARK
DÄNEMARK
DANEMARK

Roskilde • Lund •

Ribe •
Hedeby •

Volin •

Sigtuna •
Birka •

Paviken •

Seeburg •
(Grobin)

Elbing •

Aldeigjuborg
(Staraja Ladoga)
ca. 750

Holmgard
(Novgorod)
ca. 800

RUSSIA
RUSSLAND
LA RUSSIE

Gnezdovo •

Chernigov •

Kænugard (Kiev)
ca. 883

Sphere of Swedish influence
Das schwedische Einflussgebiet
La sphère d'influence suédoise

Sphere of Danish influence
Das dänische Einflussgebiet
La sphère d'influence danoise

BLACK SEA
SCHWARZER MEER
MER NOIRE

Sinope •

Mikligard •
(Constantinople)

MEDITERRANEAN
MITTELMEER
MER MEDITERRANEE

he Movement East
The Quest for Silver

he Vikings' eastward expansion came mainly
from Sweden. In the east the Vikings were called
, the Finnish name for the Swedes and the origin
he present name of Russia. These Vikings were
nly looking for silver and furs. Viking military
editions to the south were made in order to secure
safety of the Swedish merchants' trade routes. The
ings took many towns and villages by force and
n attacked Constantinople, the capital of the
tern Roman Empire, now Istanbul. This eastward
pansion began well before the year 700: Swedish
ings had settled in the Baltic countries before that
e, and a hundred years later began to found their
n communities in Russia. They rapidly
hablished settlements along the Volga and took
ntrol of lands along the main rivers flowing south.

Die Expansion nach Osten
Die Suche nach Silber

Die Expansion der Wikinger nach Osten erfolgte fast
ausschließlich von Schweden. In den Ostregionen waren die
Wikinger unter dem Namen Rus bekannt, dem finnischen Namen
der Schweden. Hiervon leitet sich der heutige Name von Russland
her. Die Wikinger führten aus dem Osten hauptsächlich Silber und
Pelze ein. Bewaffnete Wikingerheere dienten zum Schutz der
schwedischen Kaufleute. In ihren Heerzügen eroberten die
Wikinger zahlreiche Orte und Siedlungen und sie scheuten auch
nicht vor einem Angriff auf Konstantinopel zurück, der Hauptstadt
des oströmischen Reiches und heutigem Istanbul. Die Expansion
nach Osten begann gut vor 700 n. Chr. Schon vorher hatten
schwedische Wikinger sich in den baltischen Staaten
niedergelassen und hundert Jahre später
gründeten sie eigene Siedlungen in
Russland. Sie segelten mit ihren Schiffen
auf der Wolgau und kontrollierten an
allen größeren Flüssen, die nach Süden
flossen, die angrenzenden Länder.

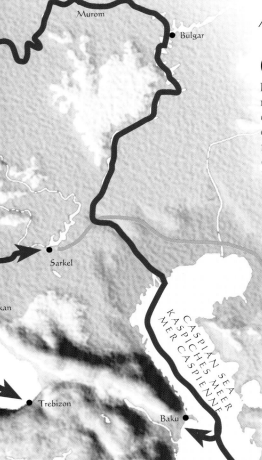

A la conquête de l'est
A la recherche de l'argent

C'est de Suède par contre que l'expansion
viking s'est étendue vers l'est. Les vikings, le
long de cette route, étaient appelés Rus, tandis que les Finnois les
nommaient suédois. Et c'est ce mot, Rus, qui devait plus tard
désigner la Russie. Les vikings étaient surtout à la recherche d'argent
et de peaux. Et la présence armée des vikings au sud devint une
nécessité pour garantir la sécurité du négoce. Les vikings s'emparèrent
de nombreux villes et villages, et attaquèrent même Constantinople,
la capitale de l'Empire romain d'orient, l'actuelle Istanbul. Le début
de l'expansion à l'est est largement antérieur à l'an 700. Les vikings
suédois s'étaient déjà installés avant cette date là où sont aujourd'hui
les pays baltes, et ils érigèrent un siècle plus tard leur propre ville en
Russie. Ils prirent position sur la Volga et s'emparèrent des territoires
longeant les principaux cours d'eau descendants vers le sud.

Hedeby/Birka

Murom

Bulgar

Sarkel

CASPIAN SEA
KASPISCHES MEER
MER CASPIENNE

ARAL

Chorzem

kan

Trebizon

Baku

Gorgan

To Baghdad

Aldeigjuborg
(Staraja Ladoga)
ca. 750

Volhov

Holmgard
(Novgorod)
ca. 800

S W E D E N
S C H W E D E N
L A S U E D E

Izborsk

Pskov

R U S S I A
R U S S L A N D
L A R U S S I E

Seeburg
(Grobin)

Polotsk

Dvina

Smolensk
(Gnezdovo)

Elbing

Dniepre

Wolin

Prypyat

Cheringov

Volga Song
Wolgalied
La chanson Volga
(Wassily
Kandinsky
1866-1944)

Kænugard
(Kiev)

Dniepre

Pivd Buh

Dnister

The Movement East
Permanent Settlement

T he Vikings founded the town of Novgorod in the ninth century and
around that time also captured Kiev. They had more or less continual
skirmishes with the Bulgarians and the Khazaks. Like the Vikings in the west,
the Swedish Vikings assimilated with the nations living in the areas they captured.
The main ssouthward artery was the river Dniepr. The military prowess of the Vikings
soon became legendary and they became widely sought after as mercenaries. The
Emperor's bodyguard in Constantinople was manned by Vikings called Varangians, a
name by which they were widely known in the East. The Viking dominion grew and
later became the foundation of what is now Russia. Links between Scandinavia and
Russia weakened as the source of silver from Arab countries dried up. Only later did the
Swedes become influential in these parts again.

Pofit

BLACK SEA
SCHWARZER ME
MER NOIRE

Mikligard (Constantinople)

Freya / Sweden
Freyja / Schweden
Freyja / Suède

Die Expansion nach Osten
Ständige Ansiedlungen

Wikinger gründeten die Stadt Novgorod im neunten Jahrhundert und eroberten zur selben Zeit Kiew. Sie standen ständig im Streit mit den Bulgaren und Kasachen. Wie im Westen verschmolzen die schwedischen Wikinger mit den Völkern der von ihnen eroberten Regionen. Die Hauptader für den Weg nach Süden war der Fluss Dnjepr. Die Wikinger waren wegen ihrer Kampfkraft gerühmt und als Söldner begehrt. Die Leibwache des Kaisers in Konstantinopel setzte sich ausschließlich aus Wikingern zusammen und wurde Warägergarde genannt. Waränger wurden die Wikinger in den östlichen Gebieten genannt. Das Reich der Wikinger dehnte sich weit aus und war Grundstein für das heutige Russland. Als der Handel mit Silber aus den arabischen Ländern nachließ, flauten auch die Handelsbeziehungen zwischen Schweden und Russland ab. Erst Jahrhunderte später gelangten die Schweden in diesen Regionen ein weiteres Mal an die Macht.

A la conquête de l'est
Peuplement permanent

Les vikings fondèrent la ville de Nyjagardur (aujourd'hui Novgorod) au 9e siècle et s'emparèrent à la même période de la ville de Kiev. Ils etaient continuellement en guerre contre les bulgares et les kazakhs. Comme les vikings de l'ouest, les vikings suédois se mélangèrent aux peuples vivant sur les territoires qu'ils avaient conquis. Le bassin du Dniepr constituait la principale voie de passage vers le sud, et les talents militaires des vikings y furent rapidement renommés et recherchés. La garde rapprochée du Basileus de Constantinople fut constituée de vikings. On les appelaient Varègues, terme qui désignait souvent les vikings sur la route de l'est. Le pouvoir des vikings, très étendu, jeta les bases de ce qui devint ultérieurement la Russie d'aujourd'hui.

753	Establishment of the first Swedish colony in Russia, Aldeigjuborg (Staraja Ladoga). Gründung von Aldeigjuborg (Staraya Ladoga), der ersten schwedischen Ansiedlung in Russland. Fondation de la première colonie suédoise en Russie, Aldeigjuborg (Staraya Ladoga).
839	The emperor of Miklagard (Constantinople) founds the imperial Varangian Guards, consisting solely of Viking warriors. Am Kaiserhof von Byzanz wird die Warägergarde ausschließlich aus Wikingern rekrutiert. L'empereur byzantin fonde la garde varangienne (son armée privée de Vikings).
860	First Viking attack on Miklagard (Constantinople). Die ersten Wikingerüberfälle auf Miklagard (Konstantinopel). Première attaque Viking contre Miklagard (Constantinople).
862	Swedish Vikings establish Russia (Gardariki) Schwedische Wikinger gründen Gardariki. Fondation du premier état Russe (Gardariki) par les vikings suédois.
879	Swedish Vikings conquer Kaenugard (Kiev) Schwedische Wikinger erobern Kaenugard (Kiev). Les Vikings suédois s'emparent de Kaenugard (Kiev).
907, 941, 945 & 971	Viking attack on Miklagard (Constantinople) Angriffe der Wikinger auf Miklagard (Konstantinopel). Des attaques vikings contre Miklagard (Constantinople).
1081	Normans invade the Balkans. Invasion der Normannen auf dem Balkan. Les Normands conduits par Robert Guiscard envahissent les Balkans.
1066	Sicilian Normans launch a successful expedition into the Balkans at Saloniki. Normannen fallen aus Sizilien über den Balkan her und siegen in Saloniki. De leur base de Sicile, les Normands lancent une expédition victorieuse dans les Balkans, en Salonique.
1204	The Varangian Guard, which defends Miklagard (Constantinople) is dissolved following defeat by the army of the Fourth Crusade Die Warängergarde zum Schutz von Miklagard (Konstantinopel) wird nach der Niederlage gegen das vierte Kreuzfahrerheer aufgelöst. La garde varangienne qui protégeait Miklagard (Constantinople) est dissoute après la prise de la ville par la quatrième croisade.

Map labels: ozero, Volga, Yaroslavl, Moramar (Murom)

Art

Viking art is divided into six periods: Oseberg (Broa), Borre, Jelling, Mammen, Ringerike and Urnes. These names refer to the places where finds of artefacts have been made. Styles developed over time and there is no sharp division between different periods. Viking art was always practical in nature - decorations on objects, weapons or household equipment (the Oseberg tapestry is an exception). As time went by and the Vikings had more contact with other nations, mutual influences emerged, especially between Celtic and Viking art. The most distinctive feature of Viking art is the use of very intricate decorative coils. One motive is found throughout the Viking period the "gripping beast", a creature that grabs itself, borders, edges or other beasts, and may be infinitely repeated. Wood-carvings in Scandinavia still display this pattern today.

Arm-ring / Denmark ca. 900-1000
Armband / Dänemark ca. 900-1000
Bracelet / Danemark ca. 900-1000

Vendel

From the Oseberg ship / Norway
Vom Oseberg-Schiff / Norwegen
Du navire Oseberg / Norvège

Oseberg

Urnes

**Wood carving / Norway
(Urnes stavekirke)**
Schnitzwerk / Norwegen
(Urnes Stavkirke)
Gravure / Norvège (Urnes Stavkirke)

Kunst

Die Wikingerkunst wird in sechs Zeitabschnitte unterteilt: Oseberg (Broa), Borre, Jelling, Mammen, Ringerike und Urnes. Ihre Namen verdanken sie den Fundorten der jeweiligen Kunstgegenstände. Zwar hat sich die Kunstform beständig entwickelt, doch gibt es keine klaren Zeitgrenzen für die verschiedenen Stile. Die Wikingerkunst war grundsätzlich praktischer Natur, zum Verzieren von Werkzeugen, Waffen und Hausrat. Der Wandteppich von Osberg ist hier eine Ausnahme. Mit der Verbindung zu anderen Kulturen kommt es zu gegenseitiger Beeinflussung, insbesondere der keltischen und nordischen Kultur. Eines der Merkmale der Wikingerkultur sind die komplizierten Tier- und Pflanzenornamente. Ein Motiv taucht immer wieder in der Wikingerära auf, ein schlangenhaftes Tiermotiv, das sich selbst am Schwanz oder andere Tiere greift. Noch heute leben diese Motive in Holzschnitzereien in den nordischen Ländern weiter.

Gold Brooch / Denmark ca. 900-1000
Goldbrosch / Dänemark ca. 900-1000
Broches en or / Danemark ca. 900-1000

Brooch in the Vendel style / Norway
Brosche im Vendelstil / Norwegen
Broche de style Vendel / Norvège

Broa

Bridle mount / Gotland ca. 800-900
Verzierte Sattelschnalle / Gotland ca. 800-900
Bridel / Gotland ca. 8-900

L'Art

L'Art viking se décline en 6 époques : Oseberg (Broa), Borre, Jelling, Mammen, Ringerike et Urnes. Ces noms sont ceux des lieux où des objets anciens ont été trouvés. Bien que les formes artistiques aient évolué, les datations sont élastiques. L'Art des vikings était avant tout utilitaire, et s'exprimait dans la décoration d'objets, d'armes et d'ustensiles. La tapisserie d'Oseberg, cependant, demeure une exception. Au contact des peuples avec lesquels les vikings se sont intimement mêlés, une influence réciproque est apparue au fil des ans, surtout entre l'Art celte et l'Art nordique. Sa caractéristique essentielle réside dans une décoration très complexe. Mais un motif est resté inchangé durant toute l'époque viking, sous des versions différentes, « le klofestin » : un animal qui s'empare d'une partie de lui-même, des bordures ou d'un autre animal, motif qu'il est possible de prolonger à l'infini. Les sculptures sur bois nordiques ont été marquées jusqu'à nos jours par cette tradition.

Ceremonial axe head / **Denmark 10th Century**
Zeremonielle Axt / Dänemark 10. Jahrhundert
Une hache de cérémonie /
Danemark, Xème siècle

Mammen

Borre

Gold spur / Norway ca. 900-1000
Goldverzierter Sporn /
Norwegen ca. 900-1000
Un éperon en or /
Norvège années 900 - 1000

Ringerike

Jelling

Beaker / Denmark ca. 800
Becher / Dänemark ca. 800
Coupe / Danemark ca. 800

Tombstone from St. Paul's Cathedral / England
Grabstein aus der St. Paul's Kathedrale / England
Pierre tombale de la cathédrale St Paul / Angleterre

Literature

Our knowledge of the Viking Age would be much the poorer without the writings of the Icelanders. During the 12th and 13th centuries and on into the 14th, Iceland saw an outpouring of literary creativity that is unique in the Middle Ages and one of the high points of world literature. Norwegians and Danes, as well as Icelanders, produced historical chronicles of literary value, the most important being the Gesta Danorum of the Dane Saxo Grammaticus and Heimskringla, the history of the kings of Norway, by the Icelander Snorri Sturluson. However, pride of place goes to the Icelandic sagas about native settlers and heroes, such as Njal's Saga and Egil's Saga, and the heroic and mythological poems of the Edda, such as Voluspa and Havamal. It is this literature that makes the Vikings live for us as individual people.

Saint Olaf's Saga / Iceland 14th century
Olafssaga / Island 14. Jahrhundert
La saga de Saint Olaf / Islande XIVème siècle

ICELAND
ISLAND
ISLANDE

Þingeyrar

Reykholt

Viðey

Literatur

Wir wüssten sehr viel weniger über die Epoche der Wikinger, wenn nicht die Isländer eine solche Schreibfreudigkeit an den Tag gelegt hätten. Die Sagas wurden in Island im 12. bis 14. Jahrhundert niedergeschrieben. Zu dieser Zeit war Island das Zentrum der Schreibkunst in Nordeuropa und die isländischen Sagas zählen zu den Höhepunkten der Literaturgeschichte. Neben literarischen Werken schrieben Isländer, Norweger und Dänen auch historische Werke wie z. B. die Geschichte Dänemarks von dem dänischen Geistlichen Saxo und die norwegischen Königssagas des Isländers Snorri Sturluson. Die alte nordische Literatur ist in mehrere Untergruppen unterteilt, von denen die Isländersagas sowie die Edda wohl am bekanntesten sind. Werke wie die Njalssaga, Heimskringla, Völuspá und Havamal sind alle in zahlreiche Sprachen übersetzt worden. Ohne diese literarischen Überlieferungen wären die Wikinger wie Schauspieler in einem Stummfilm. Erst durch die Literatur der Wikinger bekommen wir ein umfassendes Bild von dieser Epoche der Menschheitsgeschichte.

Flateyjarbok (the Flatey manuscript) / Iceland
Flateyjarbok / Island
Flateyjarbok / Islande

a Littérature

os informations sur
l'époque viking seraient
ucoup plus maigres si les
ndais n'avaient pas mis autant
deur à exercer leurs talents littéraires. La Littérature a
nu son âge d'or en Islande au 12e, au 13e et jusqu'au 14e
le. L'Islande, à cette époque, fut un des plus
stigieux centres littéraires du monde. Et
sagas en sont le fleuron le plus connu. Mais
lehors de ces œuvres, Islandais, Norvégiens et Danois
écrits des monographies historiques qui toutes ont une
ur littéraire. L'Histoire des Danois du Danois Saxo et l'Histoire
rois de Norvège de l'Islandais Snorri Sturluson émergent du
La Littérature médiévale islandaise aborde des genres
érents, les plus célèbres étant les sages et les eddas.
nbreux sont ceux qui connaissent les sagas
s saga et Njála, Heimskringla, Völuspá et
amál. Les vikings, sans ces œuvres seraient
me les acteurs d'un film muet. Grâce à
, le monde des vikings est cohérent et
préhensible.

The Ride to Asgard / Der Asgardr
La chevauchée d'Asgard (Peter Nicolai Arbo, 1831-18

Religion

The gods of the Vikings are familiar even today. Odin, the All-Father, was the most powerful along with his wife Frigg, followed by his son Thor and his wife Sif. Another high ranking god, Tyr, lost his hand when the gods decided to chain the monster wolf Fenrir. Having tried many kinds of chains, all of which broke, they bound him with a chain made of the spit of a bird, the roots of a mountain, the sound of a cat's footstep and the sinews of a bear. As security that the gods would release him, Tyr placed his right arm in the wolf's jaw. When the wolf became realised that the chain was not going to be released, he bit Tyr's hand off. As Snorri's Edda puts it, when the gods saw that the wolf was securely bound, "they all laughed, except Tyr". The names of the Viking gods survive in the names of the days of the week in many European languages: e.g. the English Tuesday (Tyr's day), Wednesday (Odin's day), Thursday (Thor's day) and Friday (Freyr's day). Their names are thus more than ever on everybody's lips.

Thor at War with the Giants / Thor im Kampf mit den Riesen / Thor en guerre contre les géants (Mårten Eskil Winge, 1825-1896)

Odin
Odinn
(Lorenz
Frølich,
1820-1908)

La Religion

L es dieux vikings sont bien vivants aujourd'hui encore
dans la mémoire collective. Odin, le très haut, était le
plus puissant, entouré de son épouse Frigg, et suivi de son
fils Thor accompagné de son épouse légitime Sif. Tyr,
amputé d'une main, est un des dieux les plus éminents.
Tyr a perdu sa main quand les dieux ont décidé
d'enchaîner le monstrueux loup Fenris. Après avoir essayé
plusieurs liens qui ont tous rompu, ils l'ont attaché avec
des entraves faites de la bave d'oiseau, de racines de la
montagne, du bruit des pas du chat et des tendons de
l'ours. Pour obtenir la garantie que les dieux le
détacheraient à nouveau, Tyr a mis sa main en gage dans la
gueule du loup. Quand le loup s'est rendu compte qu'il ne
serait jamais libéré de ses entraves, il a amputé la main de
Tyr Comme il est raconté dans l'Edda, lorsque les Dieux
virent que le loup était solidement enchaîné, "ils se mirent
tous a rire, excepté Tyr". Encore aujourd'hui, le nom des
dieux vikings est toujours présent dans le nom des jours
de nombreux languages européens.

Religion

D ie Götter der Wikinger sind noch heute in
aller Munde. In vielen europäischen
Sprachen sind die Wochentage nach den
nordischen Göttern benannt. So ist Dienstag der
Tag des Gottes Tyr, Donnerstag der Tag des
Gottes Thor und Freitag der Tag des Gottes
Freyr. Der höchste Gott war Odinn, auch Allvater
genannt, zusammen mit seiner Frau Frigg. Ihm
folgten sein Sohn Thor mit dessen Frau Sif. Auch
der einarmige Gott Tyr nimmt einen oberen Platz
in der Götterhierarchie ein. Er verlor seine Hand,
als die Götter beschlossen, den Fenriswolf in
Fesseln zu legen. Als keine Fesseln halten
wollten, machten sie ein Band aus der Spucke
von Vögeln, den Wurzeln der Felsen, dem
schleichenden Gang von Katzen und den Sehnen
der Bären. Als Pfand dafür, dass die Götter ihn
wieder freiliessen, legte Tyr seinen Arm ins Maul
des Wolfes. Doch als die Götter die Fesseln nicht
lösen wollten, biss er Tyr den Arm ab. Es heißt in
der Snorra-Edda, dass alle Götter lachten, nur
Tyr nicht, als die Fesseln hielten.

Watering Yggdrasil, the cosmic Tree / Besprengen von Yggdrasil /
Yggdrasil arrosé (Dagfinn Werenskiold, 1882-1977)

Ymir suckled by the Cow Audhumla / Ymir säugt an der Kuh Audhumla /
Ymir tète la vache Audhumla (Nicolai Abraham Abildgaard, 1743-1809)

New Lands

Irish monks are thought to have lived in the Faroe Islands and Iceland before the Vikings arrived, but not much is known about their travels or how they lived. The Faroe Islands were the first to be settled, then Iceland, Greenland and, finally, America (though only for a short time). The Faroe Islands were named for the quantity of sheep there. Flóki Vilgerdarson, who lost his livestock trying to settle in Iceland and had to abandon the attempt, gave the country its cold name as a warning to others. Eric the Red, who settled Greenland chose its name as an encouragement to people to move there. Leif Ericsson, the son of Eric the Red, spent one winter on the east coast of America; settlement followed but it is not known how long it lasted. These voyages and settlements are a good demonstration of the excellence of the Viking ships.

Brattahlid

L'Anse aux Meadows

America was discovered by Leif the Lucky in the year 1000

Amerika wurde 1000 n. Chr. von Leif dem Glücklichen besiedelt

L'Amérique du nord a été abordée par Leifur le chanceux en l'an 1000

Neue Länder

Schon vor den Wikingern sollen irische Mönche sowohl auf den Färöern als auch auf Island ansässig gewesen seien. Nur wenig ist jedoch über deren Reisen und Niederlassungen bekannt. Die Wikinger siedelten sich zunächst auf den Färöern an, danach auf Island und schließlich in Grönland sowie in Nordamerika. Die Ansiedlung in Nordamerika war jedoch nur kurzlebig. Die Färöer sind nach den Schafen benannt und heißen übersetzt "Schafsinseln". Island soll seinen Namen dem Wikinger Floki Vilgerdarson verdanken, der bei seinem ersten Siedlungsversuch alle Schafe verlor und sem Land zur Warnung an andere Siedler den kalten Namen "Eisland" gab. Erik der Rote besiedelte Grönland und nannte es "Grünland". Im Gegensatz zu Floki war sein Ziel, mit dem versprechenden Namen zur weiteren Siedlung anzuregen. Eriks Sohn, Leif der Glückliche, gelangte zur Ostküste Amerikas und verbrachte dort einen Winter. Andere Siedler folgten. Wie lange die Wikingersiedlungen in Nordamerika bestanden ist nicht bekannt. Die langen Reisen sind ein deutlicher Beweis für die Seetauglichkeit der Wikingerschiffe.

The Faroe Islands were settled around 825 by Grim Kamban

Die Färöer wurden 825 n. Chr. von Grimur Kamban besiedelt

Les îles Féroé ont été colonisées vers 825 par Grimur Kamban

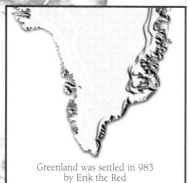

Greenland was settled in 983
by Erik the Red
Grönland wurde 983 n. Chr.
von Erik dem Roten besiedelt
Le Groenland a été exploré en 983 par
Eirikur le rouge

Les nouveaux territoires

On dit que des moines irlandais se seraient installés aux îles Féroé et en Islande avant les Vikings. Mais nous savons peu de choses sur eux et sur leurs déplacements. La colonisation viking a commencé par les Féroé, s'est poursuivie en Islande, au Groenland et enfin en Amérique. Mais le peuplement en Amérique n'a duré que peu de temps. Le mot Féroé provient du grand nombre de moutons vivant sur l'île, tandis que Floki Vilgerdarson, qui perdit son bétail lors de sa tentative malheureuse de s'installer en Islande, nomma l'île Islande, terre de glace, après son départ, afin de mettre en garde d'éventuels amateurs. Eirikur le Rouge, qui colonisa le Groenland, détient la paternité de ce nom, et le nomma ainsi pour encourager d'autres colons à suivre son exemple. Leifur Eiriksson, le fils d'Eirikur le Rouge, s'était installé pour l'hiver sur la côte ouest de l'Amérique du nord et y fonda un peuplement dont on ne sait pas exactement combien de temps il a survécu. Ces expéditions et la colonisation qui a suivi sont le témoignage le plus éclatant de l'art du génie maritime des vikings.

Þingvellir

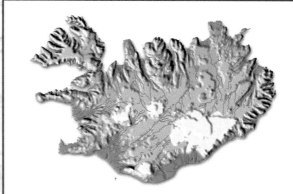

The first permanent settler was Ingolf Arnason in 874
Island wurde 874 n. Chr. von Ingolfur Arnarson besiedelt
Ingolfur Arnarson fut, en 874, le premier colon islandais

Rivtangi

ISBN 9979-787-22-8

9 789979 787228

GUDRUN

www.gudrunpublishing.com